LE

THÉATRE EN 1861

A PROPOS DES

FUNÉRAILLES DE L'HONNEUR

PAR

M. ARTHUR LOUVET

PRIX : 50 CENTIMES

PARIS
GALERIES DE L'ODÉON, Nos 4, 5, 6 ET 7

MARPON, ÉDITEUR

1861

LE THÉATRE EN 1861

A PROPOS DES

FUNÉRAILLES DE L'HONNEUR

PAR

M. ARTHUR LOUVET

PARIS
GALERIES DE L'ODÉON, N°s 4, 5, 6 ET 7
MARPON, ÉDITEUR

1861

LE THÉATRE EN 1861

A PROPOS DES

FUNÉRAILLES DE L'HONNEUR

Quelque importance que nous attachions à l'œuvre nouvelle de cet homme de cœur et de talent qui s'appelle Auguste Vacquerie; quelque mérite dramatique, et quelque style excellent que nous y trouvions, s'il ne s'agissait que de l'œuvre en elle-même, nous ne croirions pas utile d'en présenter au public une étude spéciale. Nous laisserions les feuilletons dramatiques faire leur tâche, et en apprécier à leur point de vue les éminentes qualités, en relever, s'il y avait lieu, les défauts. La pièce des *Funérailles de l'honneur* n'a pas besoin de nos paroles, et notre silence lui est indifférent. Dès à présent, elle existe; sa chute ou son succès ne prouve rien. Qu'elle reste au répertoire, et remplisse largement la caisse du théâtre; ou bien qu'elle disparaisse devant des intrigues de coulisses, de basses rivalités de métier, devant l'indifférence du public ou la malveillance d'un directeur, peu importe. Cette pièce est ce qu'elle est; elle a désormais sa place, on est obligé de compter avec elle. Il sera plus facile de la dénigrer ou de la supprimer que de la faire oublier et de lui ôter son influence sur tous les esprits qui demandent au théâtre autre chose que des exhibitions plus ou moins pittoresques.

Ailleurs est la question que nous voulons agiter. Ce qui est en jeu, ce n'est pas seulement la personnalité, si intéressante, de M. Vacquerie; c'est aussi, et avant tout, l'avenir de toute la jeunesse qui travaille et qui pense; c'est l'avenir de l'art dramatique lui-même. Dans cette circonstance unique où, pour la première fois depuis tant d'années, la question littéraire se pose au théâtre, nettement et dans de véritables conditions de talent, le théâtre a-t-il fait son devoir ? Vient-il de bonne foi et avec zèle au-devant de sa régénération ? Est-il disposé à abandonner pour le drame humain et éternel ses splendeurs de carton peint, et les insipides réalités domestiques qu'il aime à étaler?

Et nous, qui ne sommes pas satisfaits par la comédie pseudo-réaliste, dont, nous le prouverons, tout le monde aujourd'hui est fatigué, même ses auteurs; nous que la féerie laisse froids, et que le vaudeville à femmes et à jambes ne réjouit tout au plus qu'après boire ; nous qui nous sommes formé, d'après Eschyle, Caldéron, Shakespeare et Hugo, un idéal dramatique, devons-nous renoncer à tout jamais à trouver ailleurs que dans les livres et dans le passé le théâtre que nous aimons et que nous rêvons? Devons-nous croire les poëtes définitivement exclus de la scène, abandonnée aux faiseurs, aux farceurs, aux saltimbanques?

~~~~~

Est-il besoin de le dire? nous ne sommes pas romantique. — Pas plus que M. Vacquerie lui-même ! — Nous ne sommes pas romantique dans le sens restreint et exclusif que certains classificateurs ont voulu donner à ce mot vague et indécis, qui justement a dû sa fortune à son indécision, à une époque où il servait comme machine de guerre et comme mot d'ordre pour tous ceux, quelles que fussent leurs tendances, leurs aptitudes, leurs sympathies, qui voulaient s'insurger contre des routines idiotes, contre le despotisme d'un passé compris à contre-sens.

Si l'on entend par le mot romantisme ce qu'il veut dire : liberté dans l'art, rupture des lisières, affranchissement des conventions, droit d'être soi-même ; oui, nous sommes romantique. Car alors le romantisme, ce n'est pas seulement 1828 ou 1830; c'est aussi bien Homère ou Corneille, Lucrèce ou Molière, Dante ou Shakespeare. C'est l'art lui-même, l'art éternel et toujours jeune, commençant au premier cri du génie, pour ne finir jamais ! — Oui encore, si l'on entend par romantisme l'admiration du grand mouvement littéraire de 1828 et des grandes œuvres qu'il a produites ; oui, nous sommes romantique. — Mais admiration ne veut pas dire imitation. Au contraire. C'est précisément parce que nous admirons les grands poëtes qui nous ont précédé que nous ne les copions pas. Car nous les admirons surtout de n'avoir copié personne. C'est en nous affranchissant d'eux que nous leur donnons raison de s'être affranchis de leurs devanciers. M. Au-
~~~~~

guste Vacquerie a dit très-justement qu'on n'imitait Victor Hugo qu'en ne l'imitant pas.

~~~~

Du reste, il n'est guère nécessaire d'être romantique pour voir sans aucune admiration le répertoire de nos théâtres depuis bien des années, pour trouver que, ne fût-ce que relativement au mouvement de 1830, nous sommes tombés dans une infériorité manifeste. Et il nous semble que nous ne sommes pas seul de notre avis, et que le public lui-même est bien las des vulgarités où on le traîne. Pour s'en convaincre il suffit de jeter un coup d'œil sur les différentes formes, sur les différents systèmes qui, dans ces derniers temps, se sont partagé la vogue, ou se sont rapidement succédé.

Nous ne parlerons que pour souvenir d'une ou deux tentatives burlesques de rénovation de l'ancienne tragédie; tentatives inconscientes de la part de leurs auteurs, et soutenues de mauvaise foi par les adversaires de l'art, qui préfèrent décerner la couronne à la médiocrité et aux momies, parce que la popularité éphémère des momies ne porte pas ombrage à leur gloire imaginaire. Chacun sait comment, pour faire pièce à Hugo et aux *Burgraves*, on eut l'heureuse idée d'inventer le succès de *Lucrèce*, qui certes, ne s'était jamais attendue à tant d'honneur, et qui, ébahie au premier moment de se voir acclamée, vantée, traitée comme une personne vivante, finit par croire sérieusement qu'elle existait. Si bien qu'un beau jour, ivre d'hommages et de bravos, elle se trouva la force d'enfanter *Virginie*. — Mais ce fut tout; la mère et la fille ne tardèrent pas à comprendre qu'elles avaient été victimes d'une immense mystification, et à se trouver parfaitement stériles. Et nous doutons qu'il existe aujourd'hui un être assez insensé pour oser présenter à un théâtre quelconque quelque chose qui ressemble à une tragédie.

~~~~

Quand on ne peut pas faire d'enfants, et qu'on tient cependant à s'entourer d'une nombreuse famille, — on en adopte. Si l'on n'est pas le père par la naissance, on le devient par l'éducation. L'adoption produit ainsi plus qu'une paternité fictive, puisqu'à l'adopté on impose ses habitudes, ses mœurs, son langage. C'est ainsi que *Lucrèce* et *Virginie*, trouvant le vaudeville sans couplets chargé de famille, s'empressèrent de recueillir quelques-uns de ses enfants, qu'elles dotèrent de leur versification terne, de leur langue lourde et pédante, de leur allure pleine d'inexpérience, — de leur ennui surhumain. — On crut à quelque chose de nouveau, c'étaient tout simplement MM. Ponsard, Augier, Latour Saint-Ybars qui avaient mis un faux nez pour protéger l'entrée dans le monde des enfants qu'ils avaient empruntés à M. Scribe.

Et qu'on n'aille pas croire que les petits malheureux avaient gagné à changer de famille. Auparavant, ils avaient une apparence de gaieté et d'esprit; s'ils parlaient mal, du moins ils agissaient avec une certaine vivacité. Mais, après leur transformation, ce qu'ils n'avaient pas gagné en beauté, en grâce littéraire, ils l'avaient perdu en activité et en verve. Complétement pétrifiés et immobilisés, ils étaient devenus moroses, bavards, raisonneurs, prédicateurs. — Les sermons peuvent être bons, mais à leur place. Quand je veux entendre un sermon, je vais à l'église, — ou plutôt.... Enfin je n'aime pas les sermons.

~~~~

Si nous ne trouvons pas dans ces conceptions postiches et artificielles l'art dramatique que nous cherchons, sera-t-il plutôt dans un autre genre qui a vécu d'une vie plus réelle, qui a ébloui un moment par des qualités plus saisissantes, mais qui lui-même semble aujourd'hui complétement épuisé? — M. Dumas fils commença par le drame, par la passion, par l'amour sincère et dévoué de la courtisane réconciliée, par l'intrigue de la femme coquette et la vengeance du mari outragé. De là, il tomba dans la comédie, n'offrant plus à notre curiosité que le portrait exact non pas de l'homme, mais de la marionnette actuelle; le vice de l'heure présente, la plaisanterie de la minute; presque la gravure de modes. Depuis il est retombé dans le néant le plus absolu, sans pouvoir même intéresser le public à ses œuvres nouvelles, par les allusions plus ou moins discrètes, plus ou moins décentes que l'on croyait y trouver.

Que manque-t-il donc, pour vivre de la grande vie de l'art, à ces pièces et à celles qui ont été conçues dans le même ordre d'idées? Elles sont bien faites, les scènes en sont habilement disposés, la plaisanterie incisive. Que leur manque-t-il? — Oh, mon Dieu! presque rien : — l'idéal, l'âme, l'infini.

Parfois, en présence de pareilles œuvres, je me prends à regretter Racine,
~~~~

leur antipode. Si M. Vacquerie, l'adversaire si convaincu du poëte de Louis XIV, avait à refaire cette critique si puissante contenue dans le livre de *Profils et Grimaces*, ses coups ne tomberaient plus exclusivement sur l'auteur de *Bérénice*. Sans doute, il dirait, comme autrefois : « Ne dédoublons pas l'homme, ne dédoublons pas la nature, ne dédoublons pas l'art. — Moitié de personnage, moitié d'action, moitié de langue, voilà la tragédie. » Et il ajouterait encore, mais cette fois, ce ne serait plus seulement pour Racine : « Reste à savoir si ces choses-là se coupent en deux, si la moitié de la vie est encore de la vie, si un bras amputé est un bras, si un fagot est une branche. » Le théâtre, c'est lui aussi qui l'a dit, c'est l'incarnation et la matérialisation de la poésie, c'est la description faite décor, c'est l'analyse faite homme. L'action est la chair, le geste, l'évidence de l'idée. Mais il ne faut pas que la chair soit tout. L'art ne vit que par la solidarité de l'idéal et du réel, et repousse tout ce qui mutile l'humanité, l'esprit sans la matière et la matière sans l'esprit, la tragédie et la comédie. Comme il infligerait au nouveau théâtre, aussi bien qu'à l'ancien, la dénomination de théâtre cellulaire ! « Le réel dans une cellule, dans l'autre l'idéal; le cœur humain coupé en deux, la moitié du dictionnaire ici, et là l'autre moitié, — et pas de communication possible entre les deux cellules. »

Et c'est qu'en vérité on étouffe dans la vôtre, pleine de l'atmosphère viciée de la Bourse, des tripots et des boudoirs. Chez vous l'on cherche le poëte, et l'on trouve — le tapissier. Une partie importante de votre comique, et celle qui flatte le plus le public, c'est l'exactitude de l'ameublement. Que le pouf soit bien à sa place, le guéridon chargé de fleurs, planté sur son pied unique comme un héron qui rêve, le bureau à cylindre regorgeant de *valeurs industrielles*, voilà votre comédie.

Mais, à ce compte, si vous êtes dans le vrai, si l'art dramatique est ce que vous l'avez fait, nous devons renier tout le théâtre, soit ancien, soit moderne. — Qu'avons-nous à faire d'*Othello*, la jalousie ! — On ne s'assied pas là-dessus. *Roméo et Juliette*, l'amour ! — On n'y couche pas. Le *Roi Lear*, l'amour paternel ! Allons donc ! On ne peut pas y serrer ses papiers. — Le bureau, *avec tout ce qu'il faut pour écrire*, n'est-il pas le dernier mot de l'art dramatique, suivant le dieu Scribe et ses prophètes ?

Et ils appellent cela le théâtre réaliste ! Est-ce que par hasard l'âme serait moins réelle que le corps, l'amour que l'argent, Roméo que l'agent de change ? Est-ce que le seizième siècle a moins existé que le dix-neuvième, Eschyle que M. Verdier ou M. Giboyet ? Est-ce que l'humanité est née en l'an 1850, dans un coin de la Bourse, des caresses d'un sac d'écus et d'une action du Nord ?

Il y a quelque chose de pis que l'absence d'idéal et de poésie ; c'est le faux idéal et la fausse poésie. Il y a quelque chose de pis que MM. Dumas fils et consorts ; c'est M. Octave Feuillet. Le plus mortel ennemi de l'art véritable, c'est cet idéal maniéré, précieux, étranger à toute espèce de réalité, qui, suivant l'expression de Rabelais, bombycine dans le vide, cherchant à dévorer les intentions secondes. Tout à l'heure, nous avions un manchot dont le bras restant était bien vivant et bien réel ; ici le bras restant n'est plus qu'une apparence, une chimère, une ombre.

Veuve de son beau cavalier, la cavale Isabelle d'Alfred de Musset, — qui l'avait porté frémissante et glorieuse à travers toutes les magies du style et de la passion, toutes les perspectives empourprées par le rêve et l'idéal, dans les nuits bleues de Venise et les journées dorées de l'Espagne, — seule, triste et vieillie, se retirait du monde en songeant aux splendeurs d'un passé pour toujours évanoui. M. Octave Feuillet, qui la rencontra par hasard, grimpa furtivement sur sa croupe, et puis la força à suivre, du pas tranquille et doux d'un âne à la promenade, une grande route pavée de bonnes intentions qui mène les bons ménages de la mairie à l'église, — sauf à aboutir à Sainte-Périne. Il fallut qu'elle se mît à lancer des ruades plus malveillantes que dangereuses à l'adultère, cette invention moderne de l'école du bon sens, comme thème de prédications dramatiques. — Autrefois, la poésie ne connaissait que l'amour. On sait de reste que, si Molière a songé parfois à l'adultère, il ne l'a guère envisagé que sous un seul point de vue, — la situation grotesque qu'il fait au... mari. — Un beau jour, M. Octave Feuillet s'aperçut que les bourgeois commençaient à s'ennuyer de se voir toujours ainsi représentés avec le diadème de vertus que personne ne songe à leur contester, et que leur propre poésie ne leur suffisait plus. — C'est ici que nous pourrons admirer son adresse. — Sans déroger à ses principes, il se contenta de plaquer sur les murailles, nues jusque-là, de son étude de notaire, des vues d'Italie et de ruines bretonnes ; et nous avons eu ainsi *Dalila* et le *Roman d'un jeune homme pauvre*. Mais il aura beau faire, il restera toujours l'homme du prix de vertu, et d'une vertu qui ne se compose que de négation, — négation de tout ce qui est passion, poésie, et en même temps de la réalité, c'est-à-dire en un mot, de l'homme même.

Avons-nous aujourd'hui quelque chose à changer à cette apprécation que nous retrouvons dans des notes déjà anciennes? — Non. Ce qui pourrait avoir modifié notre sentiment, ce n'est certes, ni *la Tentation*, œuvre, plus que les précédentes, faite pour le théâtre, mais se traînant encore davantage dans les ornières de la moralité vulgaire et de la vertu de ménage, singulier mélange de marivaudage agaçant et de vulgarité insupportable ; — ni *Rédemption*, ce que, peut-être, M. Feuillet a écrit de moins antipoétique, mais en même temps d'un dessin tellement flottant, tellement en dehors de la vie réelle, que le spectateur s'est cru en présence de fantômes, et s'est enfui. — Il est évident qu'aucune de ces pièces n'appelle un examen sérieux, et ne pose la question littéraire au théâtre. Aucune n'est empreinte de ce caractère de puissance, d'énergie, de hardiesse, qui émeut ou irrite le public, — peu importe, — mais qui enfin saisit et retient l'attention. Que M. Feuillet soit élégant, gracieux, — j'y consens. Mais il n'est ni dramatique, ni humain dans le grand sens du mot. La force lui manque, et le drame est l'œuvre des forts. — Ce n'est pas de Berquin, ou autres écrivains à l'usage des demoiselles que nous pouvons attendre l'avenir auquel nous aspirons.

~~~~

Si, après ce rapide coup d'œil jeté sur les hommes qui paraissent avoir pris le premier rang au théâtre, — et l'avoir perdu, nous en arrivons à serrer la question de plus près, et à examiner les succès de l'année dernière ou de l'année courante, nous assisterons à un spectacle encore plus curieux et risible. Histoire à désopiler Héraclite, à faire pleurer Démocrite! — Il y a un théâtre qui s'intitule le premier théâtre du monde, la maison de Molière, le gardien du style et de la langue. Quel est son chef-d'œuvre? Le *Duc Job!*

Autrefois, quand le divorce était trop flagrant entre la Comédie française et la littérature, il y avait un théâtre où l'on pouvait se réfugier. C'était la Porte-Saint-Martin, le théâtre de *Marion Delorme*, de *Lucrèce Borgia*, de *Marie Tudor*. Là se trouvaient tous les grands comédiens du drame, Frédérick, Bocage, Mlle Georges, Mme Dorval. Qu'on ne l'oublie pas, si Harel monta des féeries, ce fut seulement cinq ans après qu'il se fut aliéné Victor Hugo; Jusque-là, et tant qu'il le put, il respecta son théâtre, et en fit le véritable théâtre français. Eh bien ! la Porte-Saint-Martin a eu cette année un succès de sept mois ; le *Pied de mouton*, la grande fête des bonnes d'enfants, des militaires, — et des feuilletonistes en bas âge. On ne s'attend pas à ce que
~~~~

je fasse, au point de vue littéraire, l'examen d'une pareille ineptie, Seulement, il est bon de constater que les grands souvenirs qui nous sont si chers à ce théâtre doivent s'effacer devant des *Pieds de mouton*, des *Pilules du diable*, des *Sept Châteaux du diable*. Après tout, cela vaut encore mieux que de travestir en *Pied de mouton* le *Faust* de Gœthe, comme on l'a fait, il y a deux ans. — Mais, est-ce là la littérature qu'on demande désormais, celle à laquelle nous sommes condamnés sans retour ? Voilà la question.

∿∿∿

Si nous ne trouvons la littérature ni au Théâtre-Français, ni à la Porte-Saint-Martin, cherchons-la, non pas au Cirque où nous ne trouverions que des chameaux, mais à l'Odéon.

Il est bien clair que M. Legouvé est un homme de beaucoup trop d'esprit pour ne pas se moquer de nous, si nous nous avisions de prendre au sérieux le succès de *Beatrix*. M. Legouvé sait très-bien que l'intérêt littéraire n'était pour rien dans la curiosité qu'excitait sa pièce. La donnée, on la connaissait déjà pour emphatique, fausse et ridicule. Le titre seul la condamnait. Quant au style, personne ne doutait qu'il ne fût ce qu'est toujours le style de M. Legouvé : mou, terne, flasque et filandreux, empreint d'un faux lyrisme plus fatiguant que la vulgarité la plus révoltante. Ce n'est pas tout cela qu'on allait voir ; mais il fallait bien savoir si Mme Ristori avait de l'accent. Jadis la rivalité qu'on souleva entre elle et Rachel lui assura un immense succès. On prenait parti avec passion pour l'une ou pour l'autre, on les comparait, et la lutte tournait à leur avantage commun ; mais, quand elle fut restée seule sur le terrain, le succès baissa singulièrement ; une banque audacieuse pouvait seule le relever. On l'essaya, et Mme Ristori apprit le français. Aujourd'hui toute la question est là : A-t-elle conservé beaucoup d'accent ? Parle-t-elle français un peu mieux que n'importe quel fumiste ? — Du drame, pas un mot. — Quant à nous, nous ne pouvons rien répondre à la question ainsi posée ; nous n'y sommes pas allés voir, attendu que cela nous était parfaitement indifférent.

∿∿∿

Nous n'avions donc pas tort de soutenir que la littérature est depuis bien des années absente du théâtre ; que, du moins, les genres où elle semblerait avoir le plus de part sont aujourd'hui complétement épuisés et ont fait leur temps. — La résurrection ne pouvait venir que d'un retour, non pas, comme on l'a dit et répété niaisement, au drame romantique de 1830, mais au drame humain qui est de tous les temps, et qui, dans une éternité glorieuse, ne connaît ni passé ni avenir; qui, au-dessus du spiritualisme de la tragédie et du matérialisme du vaudeville, est une troisième forme résumant les deux autres et complétant la matière par l'esprit, accouplant la chair à l'âme pour produire la vie, réconciliant l'idéal et le réel.

Celui qui a osé tenter cette résurrection, c'est M. Vacquerie, avec ses *Funérailles de l'honneur*. Les mauvais présages ne lui manquaient pas. Rien ne le découragea, et, trouvant le vaudeville installé définitivement au Théâtre-Français, qui devrait être la scène naturelle d'une pièce comme la sienne, il alla bravement à la Porte-Saint-Martin, sans se laisser effrayer par le *Pied de mouton* et par les déplorables habitudes d'esprit que le public avait dû contracter. Il se souvenait qu'à une certaine époque le drame avait fait bon ménage avec une biche, et Frédérick avec *Jocko, le singe du Brésil*. La même harmonie ne pouvait-elle pas se renouveler en sa faveur?

Nous n'avons pas à analyser la pièce de M. Vacquerie; elle est connue. D'ailleurs elle est maintenant imprimée et entre les mains de tout le monde. C'est un drame austère et noble, fondé sur la lutte des deux passions les plus profondes et les plus dramatiques, l'amour et l'amour maternel. L'honneur et la justice assistent à ce duel terrible et y prennent part. Ce drame est écrit d'un style simple et mesuré, toujours parfaitement littéraire, sobre et naturel, aussi éloigné du lyrisme peut-être un peu excessif de 1830 que de la pompe solennelle de la tragédie. Rattachez Vacquerie à Caldéron, pour le caractère fier, héroïque, sauvagement sublime de son sujet, à Shakespeare, pour ces échappées sur l'infini, pour ces traits de philosophie qui servent tant à faire vivre le drame, et aussi pour la fantaisie si vraie et si étincelante de sa partie bouffonne; ce sera infiniment plus exact que de le rattacher à Victor Hugo, avec lequel il a beaucoup moins de rapport qu'avec les deux poëtes, espagnol et anglais.

~~~~

Bête à tête de veau, de lapin ou d'aspic,
Nombre lâche, gros tas, qu'on appelle Public!

A dit un poëte, commençant ainsi la préface d'un volume de poésie. C'est, sans doute, un peu sévère; et d'ailleurs, quand ses jugements sont
~~~~

complétement absurdes et idiots, ce n'est pas à lui seul qu'il est juste de les reprocher. Supposez un être nourri pendant une année et plus de sucreries et d'eau claire, et mettez-le en face d'une table couverte de viandes succulentes et de vins généreux. Vous pouvez être assuré qu'il commencera par avoir une indigestion. C'est un peu l'histoire du public parisien, qui a depuis longtemps désappris l'admiration pour les œuvres fortes et grandes, dont on l'a rigoureusement sevré. Vous le prenez au sortir des féeries, à une époque où les revues cessent à peine de danser leur feuilleton en jupon court, et vous leur servez le drame le plus noble et le plus sévère. Le premier sentiment qu'il éprouve ne peut être qu'un complet ahurissement. Il est accoutumé à voir représenter des comédies dont l'argent est toujours le dernier mot; et vous venez, vous, l'entretenir de l'honneur, et de l'honneur castillan, — d'un sentiment presque surhumain. Il est certain que d'abord, il ne comprendra rien du tout, et se mettra à rire quand don Jorge viendra lui parler de cet honneur, si précieux et si cher, *la partie supérieure de son être*, auquel il sacrifiera tout, même sa fidélité au roi. Ruy Gonzalez qui démolit sa maison offensée lui semblera bien extravagant. Vous pouvez bien faire à MM. X... et compagnie tous les affronts que vous voudrez, sans qu'ils démolissent pour cela leur hôtel. Cela finirait par devenir coûteux. — Cependant, c'est le public, en somme, qui a fait le succès du drame de 1830, plus lyrique, et, par conséquent, moins à sa portée que *les Funérailles de l'honneur*; et quelques jours de réflexion devaient l'amener à saisir et à admirer dignement cette belle œuvre. Pour quiconque a suivi un peu attentivement le cours des représentations, il est clair que l'intelligence commençait à se faire, et qu'il y avait un frémissement dans la salle aux passages les plus élevés du drame. Le succès grandissait chaque soir et l'opposition s'était tue. La première représentation avait été une victoire, les suivantes étaient des triomphes. — Et c'est alors que la pièce a été brusquement supprimée!

∿∿∿

M. Fournier a du malheur. Évidemment il aspirait à réssusciter le passé glorieux de son théâtre, et à en finir avec la féerie, — bien qu'il ait acheté à M. Anicet Bourgeois les *Pilules du diable*, à M. d'Ennery les *Sept Châteaux du diable*, et à M. je ne sais qui *la Biche au Bois*! — Évidemment encore il désirait avec ardeur le succès des *Funérailles de l'honneur*, et il avait du mérite à cela; dans la situation bizarre de ses affaires et de ses engagements, un succès l'aurait fort embarrassé. Il le disait lui-même loyalement à l'auteur quelques jours avant la représentation. Il lui expliquait qu'il n'avait pas compté sur l'énormité du succès du *Pied de mouton*, qu'il avait cru pouvoir jouer *les Funérailles* en décembre ou en janvier, qu'il avait signé un traité pour le 1er mai ; — que si *les Funérailles* dépassaient cette date, tout son été serait désorganisé et qu'il perdrait cent mille francs. — M. Vacquerie inquiet de ce directeur singulier qu'un succès ruinerait, voulut retirer sa pièce. Mais M. Fournier protesta qu'il n'était pas un malhonnête homme et qu'il soutiendrait énergiquement la pièce, contre son intérêt. M. Vacquerie le crut.

M. Fournier avait un autre mérite à vouloir le succès des *Funérailles*. Outre l'inconvénient spécial d'un succès qui aurait dépassé le 1er mai ; outre l'inconvénient général d'un succès littéraire qui aurait flétri d'avance et rendu difficile l'accaparement de la scène de *Lucrèce Borgia* par les féeries qui vont s'y succéder régulièrement d'hiver en hiver, M. Fournier venait d'apprendre que la principale actrice du drame, Mme Laurent, ne se trouvant plus à sa place sur le théâtre du *Pied de mouton*, avait signé avec l'Ambigu. Il y avait donc un dévouement bien rare à pousser au succès de sa dernière création et à livrer à un théâtre rival une actrice dans tout son éclat. — Nous ne doutons pas que M. Fournier n'ait voulu sérieusement ajouter cet héroïsme aux autres.

M. Fournier a du malheur. D'abord les choses ont bien marché. Tous ceux qui étaient à la première représention ont vu la réussite éclatante et exceptionnelle des quatre premiers actes. M. Fournier, qui savait que la force principale de la situation était dans le cinquième et le sixième actes, a dû croire alors à un triomphe complet et se réjouir, littérairement, de ce succès inouï, qui allait certainement dépasser le 1er mai. — Mais M. Fournier a du malheur. Au moment juste où tous les périls étaient passés, et où le drame arrivait à ses scènes les plus solides et les plus empoignantes, l'opposition s'est manifestée, — et dans quelle partie de la salle ? — Au parterre qui, comme on sait, les soirs de premières représentations, appartient tout entier à la claque. Je puis affirmer le fait, car j'étais au dernier rang des stalles d'orchestre : la première résistance aux applaudissements est venue du parterre. D'un autre côté, notre confrère, M. Charles Bataille soutient que les premiers sifflets sont partis de l'orchestre des musiciens. —Nous n'accusons pas M. Fournier, nous le plaignons d'avoir été trahi.

Un autre malheur de cet habile directeur, c'est que Mme Laurent, — engagée à l'Ambigu, — n'a qu'un rôle secondaire dans les premiers actes, qui ont tant réussi, et que c'est précisément quand elle entre vraiment dans la pièce, que la pièce a été attaquée. Dans sa scène avec Mme Vigne, au cinquième acte, la claque s'est prise brusquement d'un immense enthousiasme pour Mme Vigne, et d'une froideur inconcevable pour Mme Laurent, — engagée à l'Ambigu. — Au sixième acte, la froideur est devenue de l'hostilité.

Autre malheur ! Cette désertion de ses troupes, commencée le premier soir et continuée les soirs suivants, a fait naturellement perdre la tête à M. Fournier. Lui qui désirait tant un grand succès, il a fait une chose qui devait l'empêcher. Après quatre représentations, on annonçait que la pièce allait être supprimée. Après six représentations, avant que les journalistes n'eussent fait leur article, l'affiche portait la reprise de *la Tireuse de cartes*. —Annoncer la fin d'une pièce avant les feuilletons, c'était évidemment dire aux critiques de ne pas y attacher d'importance. C'était tuer la pièce. M. Fournier fut averti de son imprudence par l'auteur de *la Tireuse de cartes*, M. Victor Séjour, qui s'opposa, par huissier, à la reprise de sa propre pièce. Chose plus significative, le public ne lui ménagea pas non plus sa protestation. Le soir même du jour où cette fatale affiche avait été posée, une partie des spectateurs fit ce qui ne s'était peut-être jamais fait : on réclama la continuation des *Funérailles de l'honneur*. M. Fournier s'aperçut de l'imprudence qu'il avait commise, et s'empressa d'accorder à ces pressantes injonctions encore trois représentations. Mais le coup était porté, le public était prévenu que la pièce ne durerait pas, et les journaux étaient avertis de ne pas faire un événement d'une œuvre qui cessait avant d'avoir commencé.

Voilà donc M. Fournier condamné, bien malgré lui, à renoncer définitivement à la littérature, et à se jeter de plus en plus dans les féeries. Le public, à la rigueur, supporterait le drame, mais la claque — et l'orchestre des musiciens— n'en veulent pas. Plaignons M. Fournier. Nous connaissons assez ses instincts littéraires pour être certain qu'il ne sera pas consolé de la trahison de ses troupes, par la pensée que *les Funérailles de l'honneur* n'ont pas dépassé la date fatale du 1er mai.

Le jour de la première représentation de *Marie Tudor*, Victor Hugo et M. Harel discutaient sous la marquise de la Porte-Saint-Martin. Le directeur demandait au poëte de changer la distribution d'un de ses rôles. L'auteur refusait. — Alors, disait M. Harel, votre pièce tombera. — Si ma pièce tombe, votre théâtre aussi tombera, répondait Victor Hugo. — Le soir, *Marie Tudor* fut sifflée, et M. Harel ne tarda pas à faire faillite.

~~~~

Tout le monde peut faire de la critique, mais il est difficile de la faire bonne; et nous n'avons aucun compte à tenir, soit de M. Jouvin, — auquel manque la seule vertu du critique, la faculté d'admirer, — soit de M. de Biéville, quart de vaudevilliste endurci, — qui réserve toute son admiration pour ses propres pièces, consacrant par exemple douze colonnes à *Rêves d'Amour*, et deux seulement aux *Funérailles de l'honneur*, — soit de M. Sarcey, avec ses gamineries de cuistre en belle humeur,— faisant sa critique d'après les saillies des titis, et trouvant que le sujet des *Funérailles de l'honneur* est bien un peu celui de *Lucrèce Borgia*, parce qu'il s'agit « d'un jeune homme hésitant entre le soin de son honneur et le respect dû à sa mère. »

Mais, parmi les feuilletonistes du lundi, il y en a d'autres, qui sont nos maîtres, que nous admirons, qui ont un glorieux passé, et que nous aimons à voir marcher à notre tête dans la voie de l'avenir.

Cette fois encore, ils n'ont pas failli à leur mission. Nous avions regretté d'abord de les voir retarder, pour étudier le charabia d'une comédienne en vogue, le secours de leur parole éloquente qu'ils devaient à l'œuvre nouvelle. Mais rien n'était perdu pour être différé, et la suppression brutale de la pièce n'a pu les empêcher de venir témoigner en sa faveur avec la plus sympathique admiration. Tout le monde a lu les magnifiques feuilletons de J. Janin et de Théophile Gautier, et s'est associé à cette protestation tombée de si haut sur tous ceux qui se croient autorisés à nier et à tuer une œuvre parce qu'elle est sévère et noble, et « qu'on n'y danse pas le cancan. » Tout le monde a écouté J. Janin contestant à un directeur de théâtre le droit « d'arrêter, de son autorité privée, une œuvre étrange et qui demande à vivre, à marcher, à se faire entendre et comprendre. » — Nous les remercions ici en notre nom, — et au nom de l'art lui-même.

~~~~

Aux jeunes ! — Telle est la dédicace que M. Vacquerie a inscrite en tête de sa pièce, et nous croyons n'être démenti par personne, en disant qu'au nom de tous, nous l'acceptons. — Aux jeunes! — Oui, c'est-à-dire à tous ceux qui pensent et qui croient encore à l'art et à la poésie, à tous qui ont gardé en eux quelque trace de l'ancienne flamme et des grands enthousiasmes! — Mais il ne suffit pas d'accepter platoniquement cette précieuse dédicace; il faut encore la justifier par des œuvres. Croyez-moi, quoi qu'on fasse, et quelques obstacles qu'on lui oppose, la pensée sera toujours reine, et les idiots ne prévaudront pas contre elle. Si elle est chassée de la Porte-Saint-Martin, elle trouvera un autre théâtre qui lui fera meilleur accueil. — Ne disait-on pas dernièrement que le répertoire dramatique de Victor Hugo allait être rendu à la scène? — Pourquoi, à défaut de M. Fournier, n'enrichirait-il pas M. de Chilly, qui n'a cessé, depuis le commencement de sa direction, de faire les plus louables efforts pour relever son théâtre et le donner à la littérature; qui a obtenu ses plus beaux succès avec des pièces de Paul Meurice? — Que les *Pilules du diable* nous irritent; mais qu'elles ne nous découragent pas!

FIN.

Paris. — Imprimerie de la Librairie Nouvelle, A. Bourdilliat, 15, rue Breda.

PARIS. — IMPRIMERIE A. BOURDILLIAT ET Cie, 15, RUE BREDA.

www.ingramcontent.com/pod-product-compliance
Lightning Source LLC
LaVergne TN
LVHW010412240826
846091LV00020B/3646

9782019935689